イラスト版 アクティビティ ディレクター入門シリーズ②

高齢者と楽楽コミュニケーション

手工芸の場面編

高齢者アクティビティ開発センター 監修
片桐 由喜子 著　山口 裕美子 イラスト

黎明書房

はじめに

　介護を受けている高齢者も人生を楽しむためには心の栄養補給，心のケアが必要です。芸術や遊び文化が不足すると，心の栄養失調となり，いとも簡単に人は生きる力を低下させ，きらめき輝く人生を失速させます。

　人々にとって芸術や遊び文化は，まさに食事と同じくらい大切で日常的なものです。年齢や介護度を問わず，いくつになっても美しいものを見て感動したり，自分で創り上げる喜びを体験したりして，心をわくわくさせたいものです。

　それを高齢者福祉・医療の場で可能にするには，「アクティビティサービス」の充実こそ必要です。アクティビティサービスとは，高齢者福祉・医療の場において，介護などの支援が必要な人に対して，生きていくために必要な三大介護＝「食事」「排泄」「入浴」などに加え，高齢者の心を豊かにし，日常生活に楽しみと潤いをもたらす援助活動＝「アクティビティ・ケア」を提供・支援することです。

　「アクティビティサービス」の充実をはかるために，今こそ，介護現場において，高齢者・家族とスタッフ，スタッフ同士が上手にコミュニケーションをとりながら，芸術と遊び文化を組み合わせて生活の質の向上をはかることが求められています。

　高齢者アクティビティ開発センターでは，要介護高齢者の生活の質を高めるための専門的知識を持った心の栄養士「アクティビティ ディレクター」資格認定セミナーを開催して，高齢者介護の現場で主軸となる人材を育成しています。

　福祉アートコーディネート，福祉プレイワーク，高齢者おもちゃインストラクター，高齢者ケアデザインの4つのコースを学び，個々の高齢者の生活やニーズをとらえながら，必要なアクティビティを実践できる人が全国に増えることを願っています。

　本書は「アクティビティ ディレクター」資格認定セミナーの「福祉アートコーディネート」コースのテキストでもあります。高齢者や他のスタッフ，家族などと上手にコミュニケーションをとりながら，高齢者一人ひとりの好みや症状に沿った手工芸活動を提供し，心と身体が動く楽しい時間を過ごしていただくためのポイントと，そのための身近な素材の活用法を紹介しています。

　施設の手工芸活動をいまいちど振り返り，利用者の現状に合わせてご活用いただけましたら幸いです。

　最後にこの本を作成するに当たって，高齢者アクティビティ開発センターの磯忍さん，イラストの山口裕美子さん，お二人には各担当だけでなく，適切なアドバイスもいただきました。本当にありがとうございました。

片 桐 由 喜 子

目　次

　　はじめに　1
　　この本の使い方　3
　　アクティビティ情報シート　4

Ⅰ　手工芸でコミュニケーションはじめの一歩　6

① 心と身体が動く手工芸をしよう！　6
② 心地よい人間関係をコーディネートしよう！　10
③ その人がどんなことに関心があるかを知るには？　14

Ⅱ　作品づくりを楽しんでコミュニケーションアップ　18

④ 手工芸の時間を楽しく過ごすためのテーマ選びのポイント　18
⑤ 手工芸の苦手意識を軽減するコミュニケーション術　22
⑥ 作品を展示するときのこころがけ　26

Ⅲ　症状別　手工芸でコミュニケーション実践　30

⑦ 疾患や症状に合わせて活動をコーディネートする　30
⑧ マヒがあって消極的な方へのアプローチ　34
⑨ 手工芸で手のリハビリ運動　38
⑩ アルツハイマー型認知症の人ってどんな人？　42
⑪ 脳血管性認知症の人ってどんな人？　46

Ⅳ　身近な素材を活用して手工芸を楽しもう　50

⑫ 予算が少なくても大丈夫！　リサイクル素材活用術　50
⑬ 特性を知って身の回りの紙をフル活用しよう！　54
⑭ 手工芸に適した接着剤の便利な活用法　58

付録　これは便利！　手工芸で使えるリーズナブル素材集　62

この本の使い方

【Ⅰ～Ⅳ】
　ある高齢者施設で起こった問題と，その解決法を，見開き4ページで紹介しています。

〈1ページ目〉　〈2ページ目〉

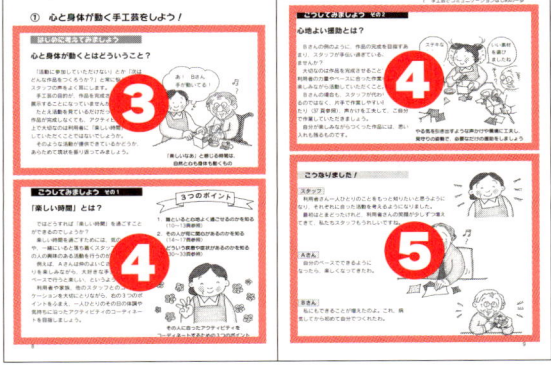

〈3ページ目〉　〈4ページ目〉

❶〈マンガ事例紹介〉
　ある日の施設での一場面をマンガで紹介しています。
　施設はデイサービスや，老人ホームなどを想定しています。
　この施設ではどんな問題点があるのか見てみましょう。

❷〈利用者・関係者の声〉
　スタッフや高齢者，ご家族が感じていることです。
　普段言葉には出さない本音を感じてみましょう。

❸〈はじめに考えてみましょう〉
　なぜ問題が起きたのか，解決するためにはどうしたらいいのかなど，考えてみましょう。

❹〈こうしてみましょう　その1・その2〉
　問題を解決するために行った工夫を2つ紹介しています。

❺〈こうなりました！〉
　その後のスタッフや高齢者，ご家族の感想です。

【付録】
　安く入手でき，手工芸で使うのに便利な素材を実践例とともに紹介しています。
　本文に，もし知らない素材が出てきたら，読んでみましょう。

アクティビティ情報シート

名前（旧姓：　　　　　　）　　　　　　様　記入日　　年　　月　　日

生年月日	明治・大正・昭和　　年　　月　　日　　歳	性別	男・女
兄弟	人兄弟　　番目　結婚　　回　現在配偶者　有（　歳）・無		
同居の家族	人　家族構成	子ども	有・無

人生歴	居住地	学歴・職歴	病歴	時代背景	好きな遊び, 音楽, 映画, 食べ物など
0歳					一人で楽しんだ遊び　…〇 集団で楽しんだ遊び　…★ 小集団で楽しんだ遊び…☆
10歳					
20歳					
30歳					
40歳					
50歳					
60歳					
70歳					
80歳					
90歳					

Ⓒ高齢者アクティビティ開発センター

＊この情報シートの使い方については16頁を参考に, コピーしてお使いください。

高齢者と
楽楽コミュニケーション
手工芸の場面編

I 手工芸でコミュニケーションはじめの一歩

① 心と身体が動く手工芸をしよう！

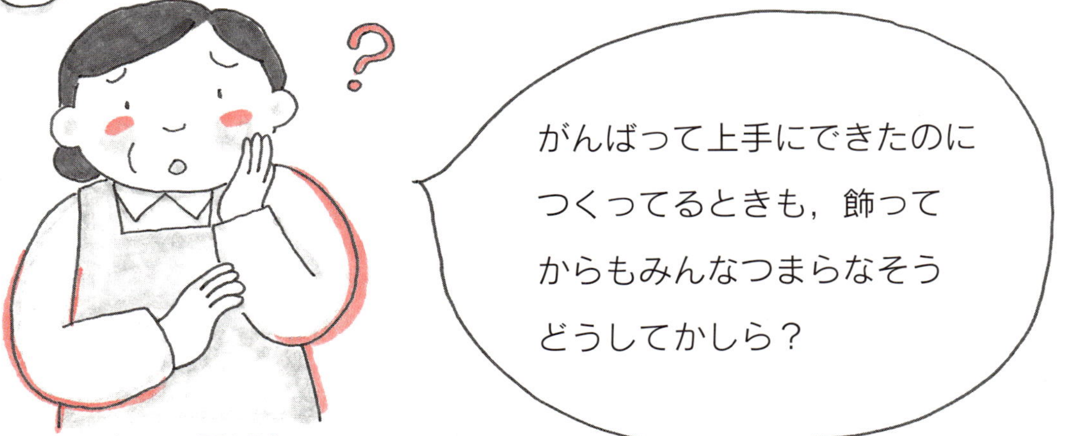

① 心と身体が動く手工芸をしよう！

はじめに考えてみましょう

心と身体が動くとはどういうこと？

「活動に参加していただけない」とか「次はどんな作品をつくろうか？」と常に悩んでいるスタッフの声をよく耳にします。

手工芸の目的が，作品を完成させることや，展示することになっていませんか？

たとえ活動を見ているだけだったとしても，作品が完成しなくても，アクティビティを行う上で大切なのは利用者に「楽しい時間」を過ごしていただくことではないでしょうか。

そのような活動が提供できているかどうか，あらためて現状を振り返ってみましょう。

「楽しいなあ」と感じる時間は，自然と心も身体も動くもの

こうしてみましょう その1

「楽しい時間」とは？

ではどうすれば「楽しい時間」を過ごすことができるのでしょうか？

楽しい時間を過ごすためには，気の合う仲間や，一緒にいると落ち着くスタッフと共に，その人の興味のある活動を行うのがいちばんです。

例えば，Aさんは仲のよいCさんとおしゃべりを楽しみながら，大好きな手芸を，自分のペースで行うと楽しい，というようなことです。

利用者や家族，他のスタッフとのコミュニケーションを大切にとりながら，右の3つのポイントをふまえ，一人ひとりのその日の体調や気持ちに沿ったアクティビティのコーディネートを目指しましょう。

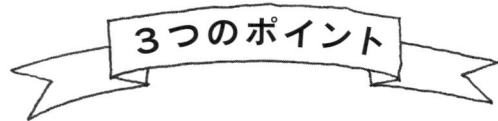

3つのポイント

1. 誰といると心地よく過ごせるのかを知る
   （10～13頁参照）
2. その人が何に関心があるのかを知る
   （14～17頁参照）
3. どういう疾患や症状があるのかを知る
   （30～33頁参照）

その人に合ったアクティビティを
コーディネートするための3つのポイント

Ⅰ　手工芸でコミュニケーションはじめの一歩

こうしてみましょう　その2

心地よい援助とは？

　Bさんの例のように，作品の完成を目指すあまり，スタッフが手伝い過ぎていることはありませんか？

　大切なのは作品を完成させることではなく，利用者の力量やペースに合った作業を用意し，楽しみながら活動していただくこと。

　Bさんの場合も，スタッフが代わりに作業するのではなく，片手で作業しやすい環境を整えたり（37頁参照），声かけを工夫して，ご自分で作業していただきましょう。

　自分が楽しみながらつくった作品には，思い入れも残るものです。

やる気を引き出すような声かけや環境に工夫し，見守りの姿勢で，必要なだけの援助をしましょう

こうなりました！

スタッフ

　利用者さん一人ひとりのことをもっと知りたいと思うようになり，それぞれに合った活動を考えるようになりました。

　最初はとまどったけれど，利用者さんの笑顔が少しずつ増えてきて，私たちスタッフもうれしいですね。

Aさん

　自分のペースでできるようになったら，楽しくなってきたわ。

Bさん

　私にもできることが増えたのよ。これ，病気してから初めて自分でつくれたわ。

② 心地よい人間関係を コーディネートしよう！

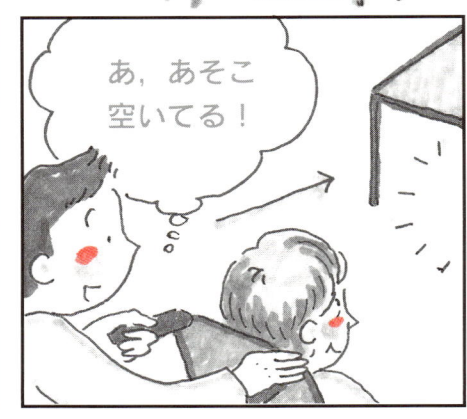

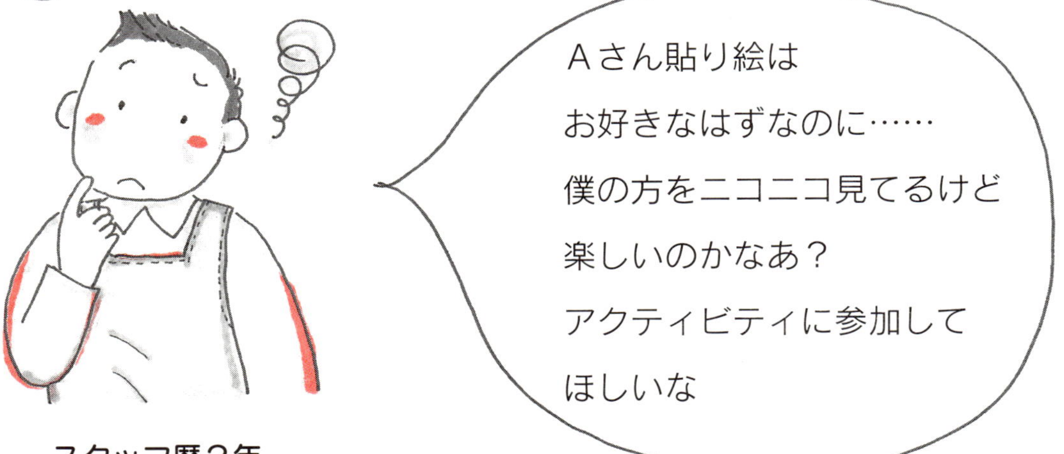

② 心地よい人間関係をコーディネートしよう！

はじめに考えてみましょう

誰と一緒に過ごすかが大切

　楽しい時間を過ごすためには，誰と一緒に活動するかも大切なポイントです。

　人間同士，相性はあるので，気が合う仲間や，一緒にいて心地よいスタッフと共にする活動は，それだけで楽しく感じるものです。

　利用者の普段の様子をよく見て人間関係を知り，心地よく楽しめる仲間を集めた環境をつくるのもコーディネートのひとつ。

　それができれば活動も一層楽しんでもらえるでしょう。

組み合わせを工夫することで，相乗効果で活動がはかどることもあります

こうしてみましょう　その1

一緒にいて心地よいスタッフになりましょう

　高齢者と関わるうえで，スタッフ自身が高齢者にとって「一緒にいて心地よい人」になることも大切です。

　「あなたが楽しそうだから，私もやってみたいわ」とアクティビティに興味を持っていただくきっかけにもなるでしょう。

　そのためにはまず，自分にとって一緒にいて心地のよい人，悪い人はどういう人なのかを考え，そう感じる理由を分析してみましょう。

　お客さまをおもてなしするように，時には演技力も必要です。その方にとって心地よいスタッフになりきることも，コミュニケーション技術のひとつと言えるでしょう。

高齢者一人ひとりにとって，どういう人が「心地よい人」なのかを想像します

I　手工芸でコミュニケーションはじめの一歩

こうしてみましょう　その2

活動に沿った人材もコーディネートしましょう

　利用者の「やってみたい」という気持ちに沿うことは大切ですが，そのためにスタッフが苦手な分野のことも自分で提供しようと思うとつらいもの。

　スタッフ自身が興味を持って楽しく提供できることを担当し，その他の活動は高齢者と共に楽しめる人材をコーディネートするのも，アクティビティ ディレクターの役割のひとつです。

　そうすることで，スタッフのアクティビティへの負担感も軽減できますし，人材が増えることで提供できるアクティビティの種類も増え，高齢者一人ひとりに合った活動のコーディネートもしやすくなるでしょう。

地域や，ご家族，利用者など，人が集まる施設は人材の宝庫です！

こうなりました！

スタッフ

　人の組み合わせを考えるようになったら，なごやかにアクティビティの時間が過ぎるようになりました。

　それに様々な特技を持つボランティアさんたちにアクティビティを担当していただき，だんだん利用者さんのやりたいことが提供できるようになってきました。

Aさん

　このごろは気の合う人と同じグループになることが増えたの。

　手芸好きなお友達もできたのよ。

　彼の心づかいがうれしいわね。

③ その人がどんなことに関心があるかを知るには？

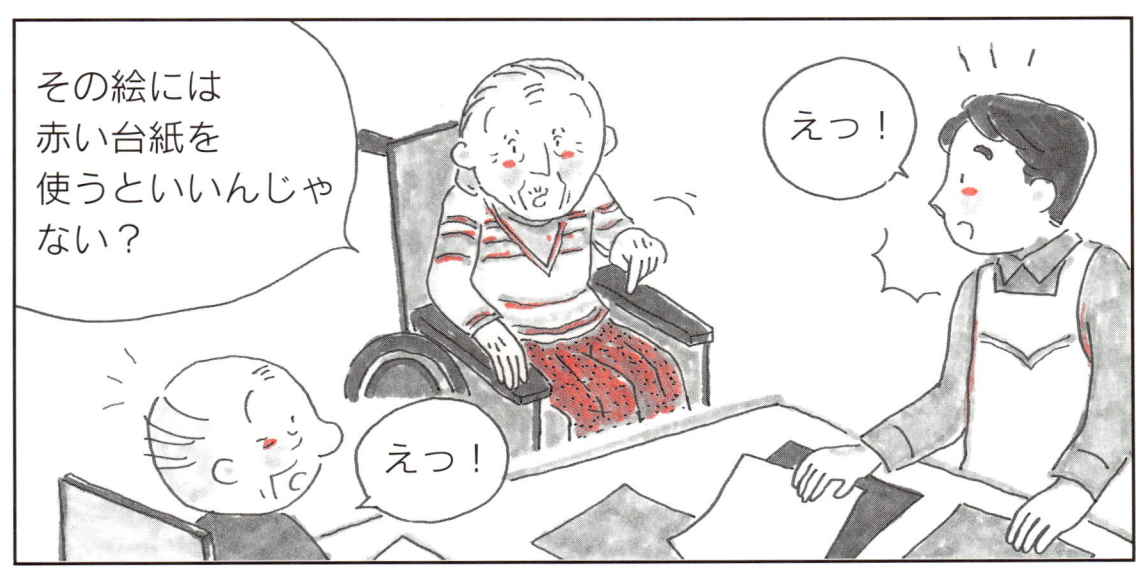

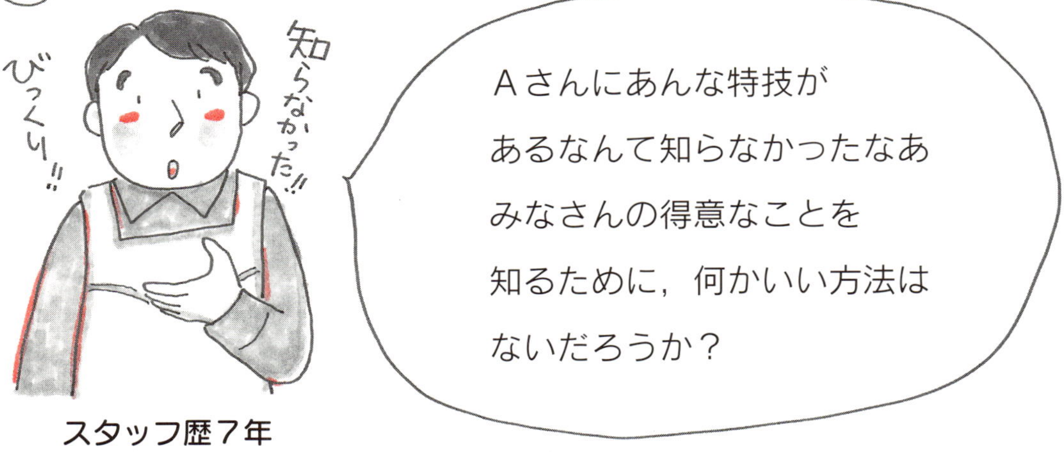

③ その人がどんなことに関心があるかを知るには？

はじめに考えてみましょう
一人ひとりが楽しくできる活動を見つけましょう

「楽しい」と感じるポイントは人それぞれ。

みなさんの施設にも，時間をかけてきれいな作品をつくることに楽しみを感じる方，同じ作業を繰り返して手を動かすのが好きな方，口をはさむだけの方，興味なさそうな方など，さまざまなタイプの方がいらっしゃると思います。

個人で作業するときも，共同作品をつくるときにも，まずは高齢者一人ひとりがどんなことに関心があるのかを察知しましょう。

そしてその方に合った作業を分担して行うようにすれば，楽しい時間を過ごせるでしょう。

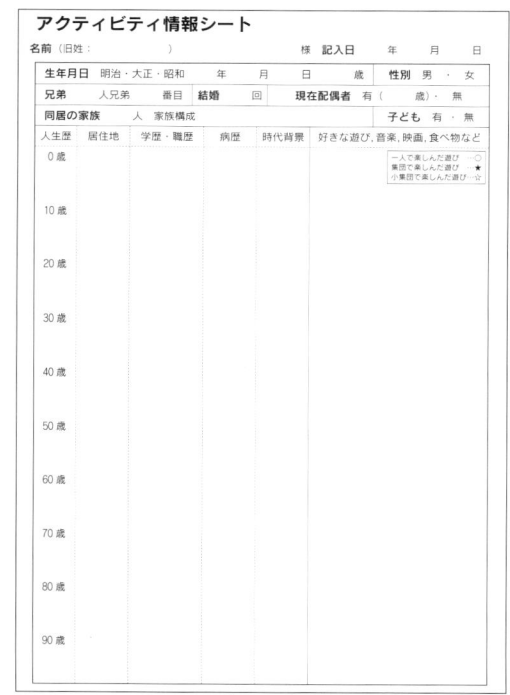

みなさんの施設にも思い当たる方いらっしゃいませんか？

こうしてみましょう その1
利用者一人ひとりの情報を収集しましょう

個人の基本情報やアセスメントシートの情報を活用することはもちろんですが，家族や本人からお話を聞いてコミュニケーションに役立つ情報を集めましょう。

たとえ認知症で難しい作業ができなくなったとしても，昔好きだった趣味や特技，記憶はその人の中に残っているもの。

日常のふとした会話や動作から好きなことのヒントを得ることもあります。

そうして得た，昔の仕事や趣味，興味のあること，習慣，人物像，生活歴，遊び歴などの情報をまとめ，アクティビティ情報シート（4頁参照）を作成しましょう。

アクティビティ情報シート

I　手工芸でコミュニケーションはじめの一歩

こうしてみましょう　その2

心をとらえる観察力を持ちましょう

　顔色や体調の変化を観察することも大切ですが，同じように心の観察もしてみましょう。
　とてもわかりにくいのですが，高齢者も子どものように，しぐさや言葉，表情などに心のサインを出しているものです。
　普段は活動に興味なさそうな人が，じっと見ていたり，いつもよりみんなと近い席に座っているなど，「いつもと何か違う」という程度のかすかなサインを見逃さないことも，利用者との関係を築くための大切なポイントです。

＊本シリーズの第1巻『高齢者と楽楽コミュニケーション〈レク・生活の場面編〉』40頁も参照してください。

新聞や難しい本を読んでいると声かけをためらってしまいますが……

こうなりました！

[スタッフ]
　アクティビティ情報シートを書き始めたら，一人ひとりの興味あることもわかるようになってきて，アプローチしやすくなりました。

[Aさん]
　このごろ他の方たちに，色合わせのアドバイスを求められることが多くなってきたのよ。

[Bさん]
　今まで話したことなかったAさんとも話すようになったよ。
　Aさんセンスいいんだよなあ！

II 作品づくりを楽しんでコミュニケーションアップ

④ 手工芸の時間を楽しく過ごすためのテーマ選びのポイント

④ 手工芸の時間を楽しく過ごすための テーマ選びのポイント

はじめに考えてみましょう

簡単な作業の組み合わせでできる作品を選びましょう

　はじめに「簡単にできるんだ！」と感じていただければ，高齢者にもっと「ものをつくる楽しさ」を味わってもらえるのではないでしょうか。

　それに基本を簡単にしておくことで，手工芸は苦手だと感じている人にも取り組みやすく，つくり込みたい人はさらに手を加えることができます。

　まずは，ちぎったり丸めたりするような簡単な作業から始めて，利用者の反応や様子を見ましょう。

おしゃべりしながらできるくらいの余裕があるとよいでしょう

こうしてみましょう　その1

上手下手が見えにくく，自由度が高い作品

　キットは材料が揃っていて便利ですが，同じような仕上がりになりやすく，でき上った作品に上手な方と苦手な方の差がはっきりと現れてしまいます。そうなると苦手な方は，制作に対してだんだん消極的になるでしょう。

　ですから，上手下手関係なく，仕上がりが同じにならない自由度の高い作品選びをこころがけましょう。仕上がりが決まっていなければ，制作が苦手な人も手を出しやすくなります。

　また，予想と違うものができても個性ととらえて楽しめる雰囲気づくりも大切です。

上手下手がわかる作品だと，苦手な人はますます苦手意識を持ってしまいます

こうしてみましょう その2

コストを押さえても，安っぽく見えない作品

　安い材料やリサイクル素材（50〜53頁参照）を活用している施設も多いと思います。

　コストを抑えることは大切ですが，でき上がったものを安っぽく見せない工夫も必要です。

　牛乳パックやティッシュの空き箱などを使うときには，外側に濃い色の紙を貼ったり，紙を重ね貼りして全体を覆うなど，もともとのプリントが見えないようにしましょう。

　このとき，箱の断面も見えないように，内側まで紙を貼るのもポイントです。

古着等を利用して布を貼ってみるのも
印象が変わってステキです

こうなりました！

スタッフ

　簡単にできるものにしたら準備もラクだし，みなさんのやる気も持続するようになりました。

　それに何より，おしゃべりしながらの作業がとても楽しいですよ。

　お話していると，今まで知らなかった利用者さんの意外な一面を知ることもできるんです。それをまたアクティビティ情報シート（4，16頁参照）に書き込んでいます。

Aさん＆Bさん

　簡単にステキなものができてうれしいわね。

　他の方とお話しする時間も増えて，お友達が増えたのよ。

⑤ 手工芸の苦手意識を軽減するコミュニケーション術

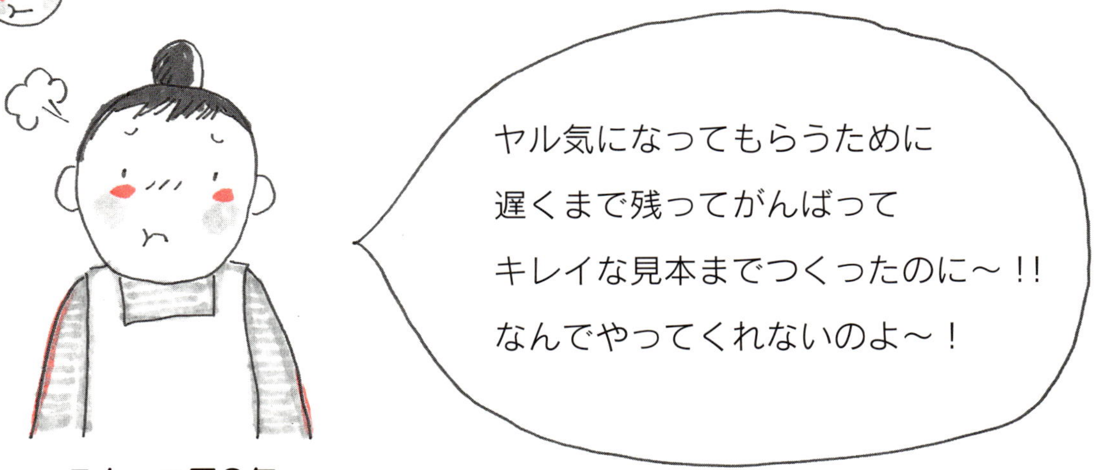

⑤ 手工芸の苦手意識を軽減するコミュニケーション術

はじめに考えてみましょう

スタッフも一緒に作業していますか？

　歳を重ね，だんだん指先が動きづらくなってきているのを自覚して，制作を敬遠する方も多くいらっしゃいます。

　また高齢者に限ったことではありませんが，集団で最初の一人にはなりたくないもの。誰も手を出さないこともよくあります。

　得意ではないことを試してみるのは嫌ですし，人前で恥ずかしい思いもしたくないと，周りの人の動きを見てから動こうとするからです。

　だからこそスタッフが一緒に入って，最初に作業し始め，スタッフ自身も楽しいと感じる時間を共有することが大切なのです。

まずスタッフが作業を始めれば，利用者も手を出しやすくなります

こうしてみましょう　その1

見本の必要性を考えてみましょう

　毎日忙しいスタッフの中には，事前に見本を用意することを負担に感じている人もいるのではないでしょうか？

　では見本は本当に必要でしょうか？

　見本があれば，作品のイメージは伝えやすいかもしれません。

　しかしその反面，見本の真似をしたり，「きちっとつくらなきゃ」というプレッシャーを受け，見本と自分の作品を見比べて「同じようにできなかった」と落ち込むこともあります。

見本を見せながら説明したいときは，作業しながらできてきたものを見せましょう

こうしてみましょう その2

ほめるときは具体的に

　作品自体を「よくできましたね」とほめると，「上手につくることを求められている」と高齢者に感じさせてしまうことがあります。

　まずはその作品に興味を持って，よいところを見つけ，「ここがいい色使いですね」「ここが○○さんが工夫されたところですね」「配置のセンスがいいですね」「発想がおもしろいですね」など，作品のどこが，どのようによいのかを具体的に伝えましょう。

　お世辞はよくありませんが，ほめられて嫌な気分になる人はいないので，苦手意識も軽減してくるでしょう。

ほめられると，制作に対する自信もわいてくるものです

こうなりました！

スタッフ

　事前にいい見本をつくったほうが，利用者さんもイメージしやすいと思っていたけれど，違ったのね。

　見本をつくらなくなったら仕事も減ったし，なにより人によっていろんな作品ができるようになったから，見るのも楽しいわ。

Aさん

　スタッフにつられて手を出したら，なんとなくできちゃったよ。

Bさん

　この作品，色使いが私の雰囲気にぴったりですって。そんなこと言われたことないからうれしいわ。

⑥ 作品を展示するときの
　　こころがけ

勝手に飾られて怒ってる

昔はもっと上手く描けたんだ こんな下手なの見られたくなかったのに

Aさん77歳

父親が楽しくなさそうで心配

お父さんがあんなに怒るなんてこの施設で大丈夫なのかしら？

Aさんの娘さん52歳

Aさんを怒らせてしまった…

Aさんが左手で時間をかけてがんばって描いたからご家族にも見てほしかったのに僕、怒らせちゃった……何がいけなかったんだろう

スタッフ歴3年

⑥ 作品を展示するときのこころがけ

はじめに考えてみましょう

作品展示はなんのためでしょう？

作品を展示することによって，空間が彩られたり，展示した作品を見た人同士の会話がはずんだり，活動を振り返ることができるなどの利点があります。

また作品展のようなイベントに向けて目的意識を持ち，気持ちを盛り上げてつくるのもいいでしょう。

しかし展示することが最優先になると，スタッフが作品の完成を目指すあまり，利用者の気持ちを忘れてしまうこともあるようです。

制作する経過を楽しむことを忘れずに取り組みましょう。

展示した作品を通じて
コミュニケーションが促されることも

こうしてみましょう　その1

飾るかどうかはご本人の意思を確認しましょう

「作品をつくったから必ず飾る」のではなく，飾るか飾らないかは利用者に選択していただくようにしましょう。

つくった本人にとって，それが楽しくつくった作品で，満足していれば「ぜひみんなに見てほしい」と思うでしょう。

しかし満足していない作品なら，名札をつけて展示され，他の人に見られるのはイヤなはず。

それと同じで，作品展なども必ず全員が参加しなければいけないとは限らないので，参加の意思を利用者に確認しましょう。

スタッフがよかれと思うことでも，
利用者の意思の確認は必要です

こうしてみましょう その2

つくっている過程が見えるように飾ってみましょう

　作品と一緒に，写真やコメントを展示してみることもよいでしょう。

　つくっている様子や，制作途中の作品の写真を添えることで，制作過程の雰囲気が伝わり，作品を通じてのコミュニケーションも深まります。

　また，「これだけの時間をかけてこれをつくった」とか，「なぜこの題材を選んだか」，「つくりながらこんな話をした」，「こんなところに苦労した」など，制作中のエピソードや，どんなふうに頑張ったかがわかるコメントも一緒に飾りましょう。

プロセスが見える展示をすることで，次の制作のときにも，よりいっそう過程を大切にできます

こうなりました！

スタッフ

　飾ろうと決めた作品にはみなさん思い入れも強く，よく立ち止まって見ていますね。
　ご家族にも普段の様子がよくわかるって好評なんですよ。

Aさん

　飾る作品を選ぶ楽しみもできたよ。娘に見られると思うと，気合いも入るしね！

Aさんの娘さん

　離れて暮らしていても，ここに来ればお父さんが楽しんでいる様子が伝わってくるわ。

III 症状別 手工芸でコミュニケーション実践

⑦ 疾患や症状に合わせて活動をコーディネートする

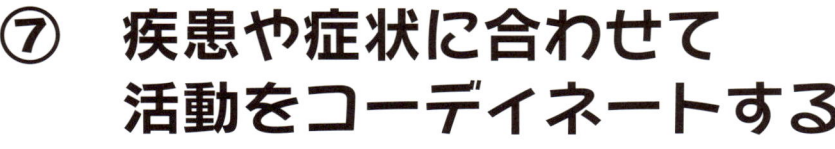
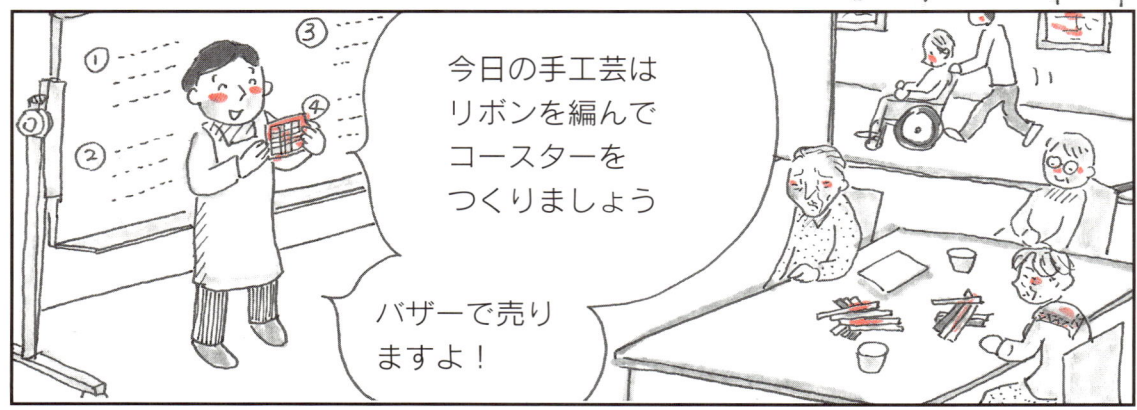

Ⅲ　症状別 手工芸でコミュニケーション実践

Aさん78歳

Bさん75歳

スタッフ歴6年

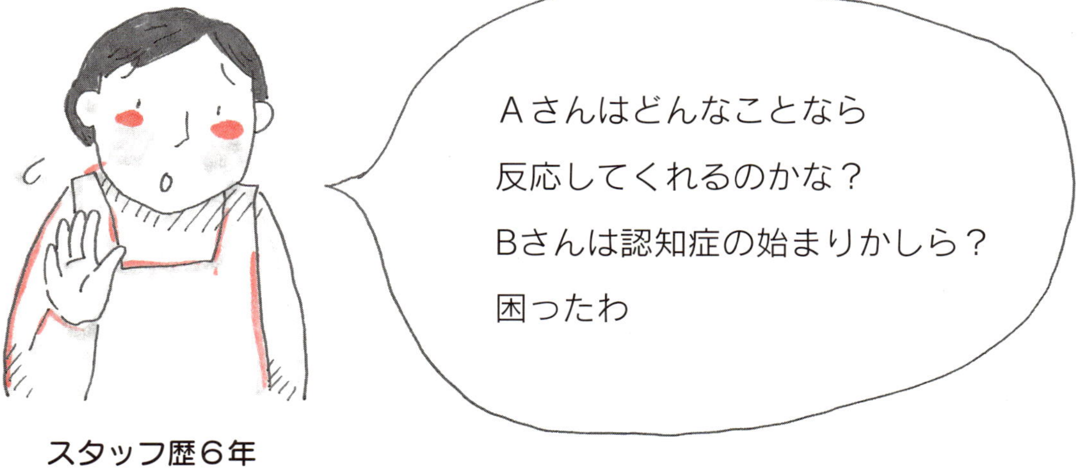

⑦　疾患や症状に合わせて活動をコーディネートする

はじめに考えてみましょう
疾患や症状について知ることからはじめましょう

　ひとくちに認知症と言っても「アルツハイマー型認知症」(42頁参照)や「脳血管性認知症」(46頁参照)などの種類があり,症状も対応も全く違います。

　またマヒ(34頁参照)の有無などで,できる作業も変わってくるでしょう。

　その方の持つ疾患や症状が起こっている原因を,その方を囲む全てのスタッフが知ったうえでケアをしましょう。

　利用者一人ひとりについて病気や介護,アクティビティについての情報をまとめたファイルを作成したり,カンファレンスで聞くなどして,情報を共有することが大切です。

症状を知ることで,アプローチの方法や,その方に適したアクティビティを提供できるようになるでしょう

こうしてみましょう　その1
うつ状態の人にはスタッフ自身がアクティビティの材料になりましょう

　高齢者のうつは,「余命があと数年しかない」と思い悩むことや,自分が必要とされないさみしさ,孤独感などが原因として考えられます。

　まずは「加齢によって意欲が低下する」ということを理解しましょう。

　そして自分自身がアクティビティの材料として,高齢者にとって「そばにいるだけで安心できる人」と思われるよう,こころがけることが大切です。

　「がんばってください」などの励ましは逆効果になるので控えましょう。

うつの方にとって居心地のいい心穏やかな時間を過ごすことがいちばんのアクティビティです

III　症状別　手工芸でコミュニケーション実践

こうしてみましょう　その2
高次脳機能障害の人とは毎回その場で完結することに取り組みましょう

　損傷はほとんど見られないものの，脳卒中や事故などで頭部が外傷を受けたことによって脳の機能に様々な障害が生じていることがあります。それを高次脳機能障害と言います。

　Bさんのように自覚症状もなく，軽度の場合は周囲や医師にも障害が気づかれにくいため，認知症と間違われたり，高次脳機能障害と診断されていない方も多いので，みなさんの身近にもいらっしゃるかもしれません。

　理解力がありそうに見え，挑戦する意欲があっても，技術やプロセスを覚えたり，トレーニングが必要なことをマスターするのは困難です。スタッフが関わりながら，手順が簡単で，その場で完結することに取り組みましょう。

> 一緒にリボンを切って準備しましょう

「手伝ってください」とお願いすることで「頼られている」という自信が持てる人もいます

こうなりました！

スタッフ
　利用者さん一人ひとりの症状の原因がわかったら，それぞれに合ったアクティビティを考えやすくなってきたし，イライラしなくなりました。

Aさん
　たまにはここに来てもいいかな。

Bさん
　なんだか最近，ここに来るのが楽しみになってきたわ。

⑧ マヒがあって消極的な方へのアプローチ

今日は切り絵をしましょう

Aさんもやってみましょうよ

……

私はいいわ、マヒがあるからハサミ使えないもの……

うーーん

ハァ……

Bさんもやってみましょうよ！

オレはいいよムリムリ

Ⅲ　症状別 手工芸でコミュニケーション実践

マヒのある人って消極的よねえ

楽しいと思うのになあ……

手を使うものは差が出やすいから難しいよね……

本当はつくりたい

つくるのは好きなんだけど道具は苦手なのよね

Aさん68歳（右マヒ）

面倒くさい

イヤー，実はつくるの面倒くさくてキライなんだよね

Bさん64歳（左マヒ）

マヒがある人にも参加してほしい

マヒの人にもしていただけること何かないかなあ…？どうしたら参加してもらえるの？

スタッフ歴6年

⑧ マヒがあって消極的な方へのアプローチ

はじめに考えてみましょう

消極的な理由を見極めましょう

　「私はマヒがあるからいいわ」と作業に消極的な方がいたら，手が動かない不自由さが原因なのか，作品づくりそのものに興味が持てないのか，消極的な原因を見極める必要があります。
　「手が使えないから」「手が痛いから」など言いながらも他の方の作業の様子は見ているようなら，本当は作品づくりに興味があるのかもしれません。片手でもできる作業や，色を選ぶ役割をしていただくなど，参加できる方法を考えてみましょう。

他の方の作業を見ているようなら
本当は活動に興味があるのかもしれません

こうしてみましょう　その1

道具を使わず，手を使いましょう

　片マヒがある方も，ハサミや筆などの道具を使わずに，指で紙をちぎったり，のりや絵の具を塗る作業なら比較的参加しやすいでしょう。
　手を自由に使えるようになることで，今後の生活の可能性も広がります。
　しかし，接着剤や絵の具は，肌に合わないものだと，かぶれなどが生じることもありますので，大手メーカー品を使うか，肌が弱い方はビニール手袋を使うようにしてください。
　万が一かぶれなどがあった場合にも，大手メーカーの商品は成分が中毒情報センターに届けられているので，病院での対処がスムーズです。

ちぎる　丸める
貼る　塗る

マヒしていないほうの手を積極的に
使うことは，リハビリにもなります

こうしてみましょう その2

片手でも作業しやすい環境を整えましょう

　紙を押さえることが難しいなら，紙に重りを載せてみたり，テープで固定するなど，片手でも作業しやすい工夫をしてみましょう。

　貼り絵のときなどは，最初に台紙にボンドのり（60頁参照）を塗るか両面テープを貼っておき，素材を載せるだけにすれば，片手でもできるでしょう。

　ハサミを使う作業は，得意な人にまとめてやってもらったり，ハサミで切る代わりにクラフトパンチで紙を型抜きするなどの方法も考えられます。

紙をセロハンテープなどで固定すれば
片手でも作業しやすくなります

こうなりました！

スタッフ

　制作に消極的な人にも，いろんな理由があることがわかってから，その人にあったアクティビティをすすめられるようになってきました。

　制作が嫌いな人にまで，無理にすすめなくてもいいんですよね。

Aさん

　片手しか使えなくても，道具が使えなくてもできることを用意してくれるようになったから，楽しいのよ。

Bさん

　制作が嫌いだってわかったら，すすめられなくなったよ。このごろは堂々とみんなと違うことができるよ。

⑨ 手工芸で手のリハビリ運動

にぎにぎ

リハビリ中

Aさんがんばってるなあ……

はい、ぐーっと

イチニ、イチニ

食事の時間

もそもそ

はいごはんですよ

食欲ないのかな？

お茶入れてきますからちょっと待っててくださいね

……

そろそろ…

チャリーン

III　症状別 手工芸でコミュニケーション実践

しゅーん

今新しいスプーンをお持ちしますね

もしかしてAさんは自分で食事したいのかな？

自分で食事がしたい

ご飯は自分の手で食べたいんだよ
リハビリもがんばってるんだけど

Aさん80歳

リハビリの時間だけじゃ足りないんだよね

リハビリの時間以外でも毎日ちょっとずつ手を動かす練習ができればいいんだけどね

作業療法士Bさん

何か私にもできることないかな？

うーん

Aさんもやる気みたいだし
ふだんのアクティビティでも楽しみながら握力アップできないかな？

スタッフ歴10年

⑨ 手工芸で手のリハビリ運動

はじめに考えてみましょう

日常生活の中の必要な動作を見極める

　作業療法の時間に限らず，日常生活の中で手や身体を動かすことはリハビリにつながります。
　まず日常生活の中で，その人にとって一番必要な動作はどういう動きかを考えてみましょう。
　そして作業療法士など他職種のスタッフともコミュニケーションを取り，相談しながら，どうすればその動きを身につけられるかを考え，無理のない範囲でアクティビティにも取り入れてみましょう。
＊本シリーズの第1巻『高齢者と楽楽コミュニケーション〈レク・生活の場面編〉』20頁も参照してください。

食事をするためにはスプーンを握る力と，手首を前後に動かす力，手を持ち上げる力が必要

こうしてみましょう　その1

ねんどでリハビリ

　重さがあって，固く，繰り返し使用できる「油ねんど」を使い，握る，つまむ，つぶす，団子状に丸めるなどの動きをしてみましょう。
　ねんどを握る動きは日常の中でスプーンや手すりをつかむ動作，つまむ動きは物を取ったりボタンをかけたりはずしたりする動作，つぶす動きはスイッチを押したり包丁を使う動作につながります。
　また「ストレス解消にいかがですか？」といってたたきつける動きをすれば，手を持ち上げる動作につながります。

握る　　つまむ
つぶす　　丸める
たたきつける

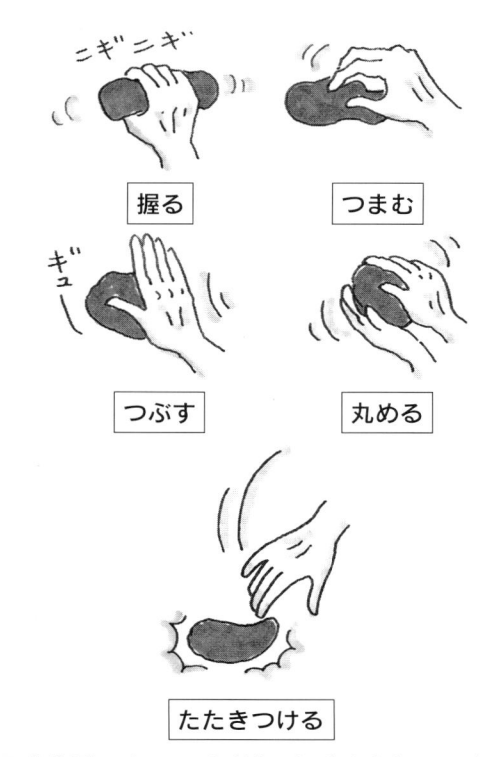

日常生活の中で，手は様々な動きをしています

Ⅲ 症状別 手工芸でコミュニケーション実践

こうしてみましょう その2

豆やパスタを使った造形

　手ができる様々な動きの中で、「つまむ」という動作は、ティッシュペーパーやトイレットペーパーをとったり、服の着脱、ズボンの上げ下ろし、カギの開閉など、生活の中でたいへんよく使われます。

　豆やパスタなどを使った貼り絵や造形は、材料をつまみ、のりをつけて、紙に押し付けて貼ることで「つまむ」動作の練習になります。

　「豆やパスタを使った造形」は、指先の感覚を研ぎ澄ませる必要があるので、絵を描いたり、色を塗るよりも、実はリハビリに向いている作業です。

あらかじめ台紙にボンドのりを塗っておき、つまんで紙に載せるところから始めてもいいでしょう

こうなりました！

スタッフ＆作業療法士Bさん

　「どういう動き」が生活の中の「どんな動作に役立つのか、つながるのか」を知り、アクティビティのコーディネートの幅が広がりました。

　リハビリの時間だけじゃなくて、ふだんも楽しみながらリハビリできることがわかったので、今はスタッフと作業療法士が相談してレクを考えています。

Aさん

　握りやすいスプーンを紹介してもらい、リハビリをがんばったら、時間はかかるけど自分で食べられるようになったよ。うれしいねー。

⑩ アルツハイマー型認知症の人ってどんな人？

認知症のグループでの手工芸の時間

みなさん楽しそうだわ

Bさん，Cさんリハビリのお時間ですよ行きましょう

ポツン・・・

……

Aさん，昔お団子をつくったみたいに丸めてみましょうか？

昔……，昔……？

にこにこ

むかし……？

……

III 症状別 手工芸でコミュニケーション実践

> え？
> どうしたんですか？
> 続けましょうよ
>
> 楽しそうにやってたのに…
>
> ……
>
> さっきここにいた人はどこに行っちゃったの？私はここにいていいのかしら
>
> ガタガタ

😟 ひとりだと不安

> 他の人と一緒じゃないとどうしたらいいかわからないの
>
> それに昔のことってあまり覚えてなくてボケちゃったのかしら？嫌ねえ……

Aさん76歳

😟 Aさんが落ち着かなくなったのはなんで？

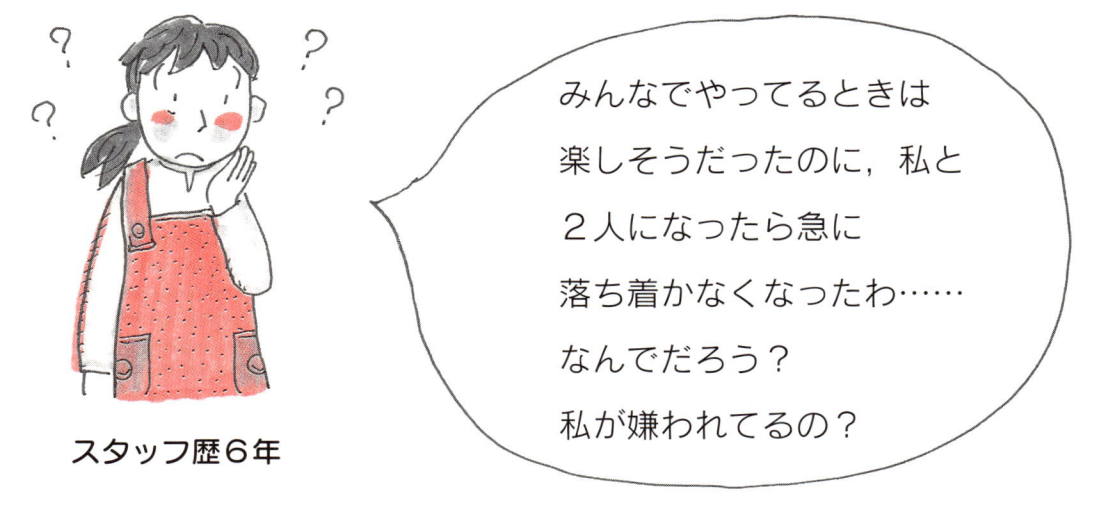

スタッフ歴6年

> みんなでやってるときは楽しそうだったのに，私と2人になったら急に落ち着かなくなったわ……
> なんでだろう？
> 私が嫌われてるの？

⑩ アルツハイマー型認知症の人ってどんな人？

はじめに考えてみましょう

アルツハイマー型認知症を理解しましょう

　アルツハイマー型認知症の場合は「自分の記憶がときどきあいまいになる」ということになんとなく気付いており，わからなくなると他の人のまねをしようとする人が多いようです。
　作業としては物を順番に重ねたり，ちぎり絵のように並べて貼るなどの作業が苦手です。
　例えばちぎり絵のような作業をすると，同じところに重ねて紙を貼ってしまうことがあります。
　一人ひとりの個性が現れるような，自由度の高い制作に取り組み，おもしろい作品ができて笑い合うことができれば，「ちゃんとできているんだ」と安心するでしょう。

ひとりでできなくても，他の人を見ながらだとできることもあります

こうしてみましょう その1

アルツハイマーの人には集団での活動が向いています

　アルツハイマーの人は，目の前の人を模倣しながらの作業は安心して取り組めます。
　例えば紙ねんどで「おひなさま」をつくるとしましょう。「たくさんいるうちのどれか一人をつくってください」と言えば，みんな違ったものができてきます。
　つくりながら本人は何をつくっているかわからなくても「あらこれ五人囃子ですか？」と言うと「そうそう」と安心するでしょう。
　他人と違っても，認めてもらえたという気持ちで満足をするのです。

つくったものを認めてもらうと安心できます

こうしてみましょう その2

昔できたことでも説明して一緒に行いましょう

　昔できたと思われることでも忘れている場合が多く、「できますよね」と言われてひとりで行うのは苦手です。

　まずは方法を説明してスタッフも一緒に行いましょう。その中で「昔，よくやったわ！」と記憶が戻ってくる場合もあるでしょう。

　また，予定外の行動にも「違う」と言うことは控え，「こういう方法もいいですね」とまずは受け入れましょう。

　そのうえでどうしても軌道修正が必要なら，「こんなふうにしてみたらいかがですか？」と，正しい方法にアプローチするといいでしょう。

でかっ！

じゃあそれに顔をつけてみましょうか？大きいから右大臣？

できたわよ

どどーん

スタッフの発想の転換で，おもしろい作品になることもあります

こうなりました！

スタッフ

　スタッフも一緒に作業したり，なるべくアルツハイマーの利用者さんにはグループで作業していただくようにしました。

　不安そうな表情が多かったAさんに，笑顔が多く見られるようになりました。

Aさん

　周りに他の人がいるとホッとするし，他の方と笑いあってて楽しいわ。

⑪ 脳血管性認知症の人ってどんな人？

共同制作の時間

イライラ

オイ！！間違ってるぞ！！

そこばっかり重ねちゃダメだろ！

ま，まあАさんΑさん落ち着いてみなさん楽しんで作業してるんだからいいじゃないですか！ね？

フンッ，みんなボケてるんだ

III 症状別 手工芸でコミュニケーション実践

> それより
> Aさんも一緒に
> やりましょうよ！
> ね！！
> ほら，こうして

> やだね！
> こんなボケてるヤツら
> と一緒になんて
> やってらんないよ！

認知症の人を見てイライラする

> なんでオレが
> このグループに
> いなきゃ
> いけないんだ

Aさん84歳

> それにみんなの前で
> もし間違ったり
> したら恥ずかしい
> じゃないか！！

Aさんの言動が理解できない

> 作業にも加わらないのに
> いつもみんなの雰囲気を
> 壊すことばっかり！
> 他の人のことボケてるって言うけど
> Aさんだって認知症じゃないか！

スタッフ歴1年

⑪ 脳血管性認知症の人ってどんな人？

はじめに考えてみましょう

脳血管性認知症を理解しましょう

　脳血管性認知症の人は他人が認知症であることには気付いても，自分が認知症であることに気付いていない場合がほとんどです。

　自覚症状がないので，プライドは元気な頃のように保たれている一方，「できない」ことへの不安感が大きく，そのため，口ばかり参加することもあるようです。

　他の認知症の人と同じグループになると，「なぜこんな人たちと同じグループなんだ」と不機嫌になったり，グループになじめないことも多く見られます。

（吹き出し）せっかくやるならちゃんとつくりたい
（吹き出し）めったなものじゃプライドが許さない……

完成度の高いものをつくろうという
気持ちが強い方が多いです

こうしてみましょう　その1

マンツーマンで対応しましょう

　自分だけができないと思われるのが嫌なこともあり，集団の中での作業を嫌います。

　ひとりで作業し，自分のペースでできれば，他の人より遅れているとか，ひとりだけ違うものをつくることがないので，安心します。

　なるべくマンツーマンで関わるようにしましょう。

　いつも不機嫌な方も，ゆっくりとご本人のお話を聞く姿勢をこころがけることで，落ち着く場合もあります。

　また，集団でも，認知症ではない方たちと一緒ならなじんで参加される場合も多いです。

（吹き出し）僕と一緒に小さい貼り絵をしませんか？
（吹き出し）それならひとつやってみるか……

毎日は無理でも，1対1でじっくり
対応する日をつくってみましょう

Ⅲ 症状別 手工芸でコミュニケーション実践

こうしてみましょう その2

昔つちかった能力を生かしましょう

　若い頃に経験したことをよく覚えている方が多いので，仕事にしていたことや，料理や洗濯物をたたむなどの家事，農作業，園芸など，昔つちかった能力を生かせる作業が向いています。
　また，重度の方の場合は，その方が覚えているシチュエーションに合わせて接するのも，おだやかに過ごしていただくための環境づくりのひとつの方法です。
　教師だった方を「先生」と呼んで，スタッフは生徒として接したり，食事の時間を給食，散歩を見回りと言うことで，スムーズに認識していただけた例もあります。

お団子みたいに丸めましょう

子どもの頃手伝いでやったぞ……

昔経験したことは得意な方が多いです

こうなりました！

スタッフ
　他の認知症の人と同じグループにするのをやめ，たまにはゆっくりとお話を聞くようにしました。
　最近はAさんが，不機嫌になることが減りました。

Aさん
　このごろ俺の話を聞いてくれるようになったよ。
　みんな俺のことをわかってきたな……。

IV 身近な素材を活用して手工芸を楽しもう

⑫ 予算が少なくても大丈夫！リサイクル素材活用術

1コマ目:
おばあさん:「これ，家で集めてた包装紙なんだけどここで使ってね」「わぁ たくさん！！」
男性:「はい！！ 助かります！ありがとうございます！」

2コマ目:
おばあさん:「ティッシュ空だわ」
（もえるゴミ）

3コマ目:
男性:「あー！待って！捨てないで！！」

4コマ目:
おばあさん:「はい，こんなのとっておいてどうするの？」「中はカラよ…」
男性:「すみませ〜ん」「いつか手工芸で使うんですよ」
（もえるゴミ）

Ⅳ　身近な素材を活用して手工芸を楽しもう

ある日のこと

わあっ

ドサーーッ

うわー
なだれだー！！
いててて！

本当に役立つの？

持ってきたけど
手工芸のとき，
材料をドサッと
出されても使い
にくいのよね

Aさん76歳

ただのゴミじゃないの？

あんなの
集めて本当に
材料になるの
かしら？

Bさん70歳

材料が片づかなくて困ったなあ

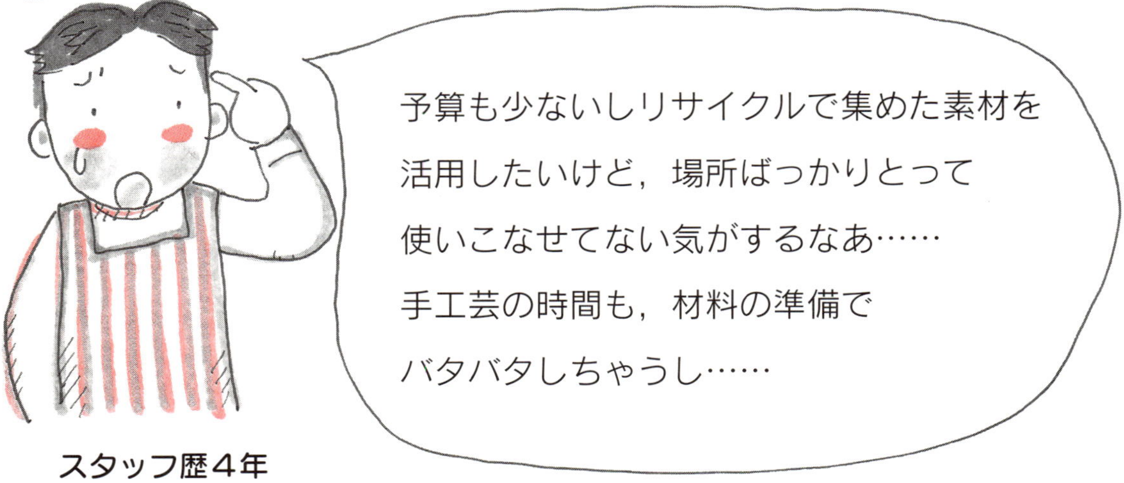

予算も少ないしリサイクルで集めた素材を
活用したいけど，場所ばっかりとって
使いこなせてない気がするなあ……
手工芸の時間も，材料の準備で
バタバタしちゃうし……

スタッフ歴4年

⑫　予算が少なくても大丈夫！　リサイクル素材活用術

はじめに考えてみましょう

素材を知り，材料集めの負担を減らしましょう

　「予算が少ないから満足な手工芸活動ができない」というスタッフの声をよく耳にするとともに，その中でスタッフが工夫して手工芸を行っている施設が大半だと思います。

　身近にある様々な紙（54～57頁参照）や素材（62～63頁参照）の特徴と，便利な活用法を知っておくことで，手工芸を楽しむアイデアも発想しやすくなり，高齢者一人ひとりに適した手工芸も提供しやすくなるでしょう。

　また，材料の集め方や保存法を工夫して準備の負担を減らせば，利用者とコミュニケーションを取りながら共に手工芸を楽しむ時間も増えるのではないでしょうか。

素材集（62～63頁参照）をヒントに
利用者に合った活用法を考えてみましょう

こうしてみましょう　その1

リサイクル素材を集めるポイント

　リサイクル素材には大きな紙や箱など単体で材料になるものと，ペットボトルの蓋のようにたくさん集める必要のあるものがあります。

　また，牛乳パックやトイレットペーパー芯など集めやすいもの，ガムテープ芯のように集めにくいものなど，ものによって材料集めにかかる期間も違うので，計画性を持って集めましょう。

　地域の広報誌やご家族へのお便り，施設の掲示板などを利用して，どんな材料を集めているのかを日頃からPRしておきましょう。

ご家族や地域の人に施設を理解し，
ご協力いただくきっかけにもなるでしょう

IV　身近な素材を活用して手工芸を楽しもう

こうしてみましょう　その2

保存方法も工夫しましょう

　素材を保存するときは，どこに何が入っているかが利用者にもわかりやすく，いつでも取り出しやすいように整理しておきましょう。

　必要な素材を箱のままテーブルに出したり，利用者自身が使いたい素材を探せるようになれば，素材を提供する手間も減ると同時に，作品づくりの自由度も上がるでしょう。

　紙は大きいものと小さいものに分け，それぞれ赤系，青系など色の系統別に，クリアフォルダにはさんで保存すると便利です。

　直感的に「きれいじゃないな」と思うものは，思いきって捨てましょう。

同じものをまとめて箱に入れ，何がどれだけ入っているかを書いておくと，一目瞭然です

こうなりました！

スタッフ

　素材について知り，選んで集めるようになったら倉庫もスッキリ。

　材料も取り出しやすく，リサイクル素材も使いやすくなりました。

Aさん

　家から持ってきた包装紙も，大切にしてもらえてうれしいわ。

　色別に分けるのもお手伝いしてるのよ。

Bさん

　集めてるものが掲示板に書いてあるから，たまに見るようにしてるの。

　捨てられるものが役立つのはいいことね。

⑬ 特性を知って身の回りの紙をフル活用しよう！

ある日のスタッフ会議

スタッフAさん→
手工芸の材料を買いたいけど紙だけでもけっこう高いのよねカタログに載ってる和紙とかステキだけど……

そんな予算ないですもんねえ……
そういえば，そろそろおまつりの看板つくる時期ですね
また折り紙ちぎって貼りますか？
スタッフ←Bさん

あのう…こういう紙は使えないんですかねえ？
新聞とか
チラシとか
スタッフCさん→

えっ？

Ⅳ　身近な素材を活用して手工芸を楽しもう

けっこう身の回りに安く手に入る紙ってあるじゃないですか？

新聞紙
広告
カタログ 雑誌
リサイクルで‥

ダンボール
みかん
半紙
書道
カレンダー
コピー用紙の裏

使えると思ってなかった

なるほど
たしかに捨てる紙もあるものね
どうしたら使えるかしら？

Aさん　スタッフ歴8年

使いたくないわ

どうやって使うのよ
そんなの使ったら作品が安っぽくなるわ

Bさん　スタッフ歴5年

どうしたらいいんだろう？

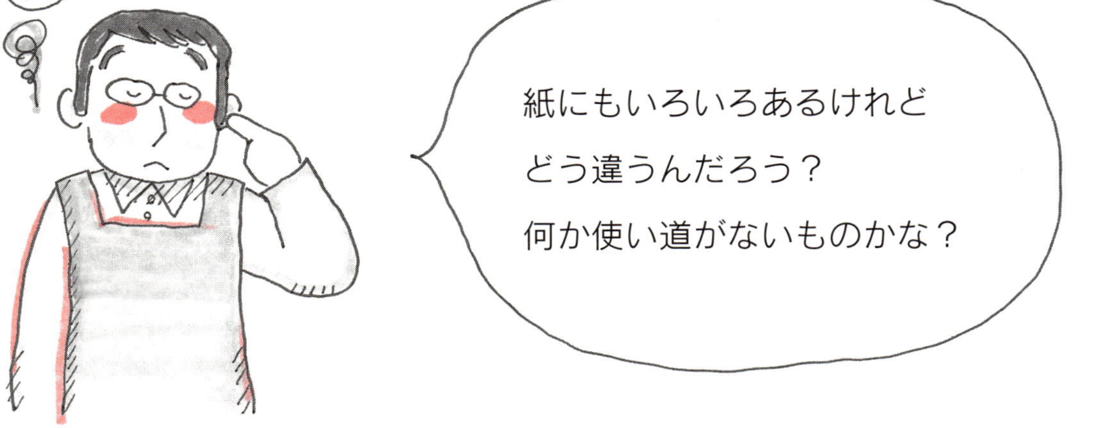

紙にもいろいろあるけれど
どう違うんだろう？
何か使い道がないものかな？

Cさん　スタッフ歴2年

⑬ 特性を知って身の回りの紙をフル活用しよう！

はじめに考えてみましょう

紙の特性を活かした活用法を考えましょう

　コピー用紙や折り紙，半紙，新聞紙などの薄い紙は，水に濡らすと一時的に膨張し，乾くと最初の状態より縮むという性質があります。

　そのため水で薄めたのりで貼り合わせると，パリっと丈夫に感じます。

　さらに，紙の目が縮まることで，その後湿気をおびても紙のゆがみが起きにくくもなります。

　この特性を利用すると，薄い紙も貼り合わせることで丈夫になり，のりが乾く前に形をつくれば，花びらの丸みなどをキープすることができるので，コサージュなどがつくれます。

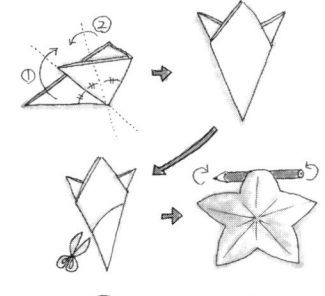

正方形の紙を三角に折り，さらに5つ折りにする

切って広げてペンなどで花びらをカールさせる（大・中・小の3サイズつくる）

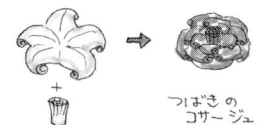

切り込みを入れた紙を丸めて花芯をつくる　花びら3枚を重ね，中心に花芯を入れて，ボンドのりで接着する

つばきのコサージュ

まず新聞紙のカラー頁を2枚貼り合わせてから，のりが乾く前にコサージュの形にしましょう

こうしてみましょう　その1

半紙を染めて和紙の風合いを出してみましょう

　安くて手に入りやすい半紙は，絵の具を溶かした色水で染めることで紙の目が縮み，和紙のような風合いになります。

　赤で染めるとピンク，青で染めると水色というように，乾くと色水より薄い色になります。

　たくさん染めて窓に貼ったり，テーブルの端にかけて乾かす様子もきれいなので見て楽しむこともできます。

　半紙の染紙は適度な厚さでちぎりやすく，扱いやすいので，高齢者と一緒にまとめて染めて様々な機会に便利に活用しましょう。

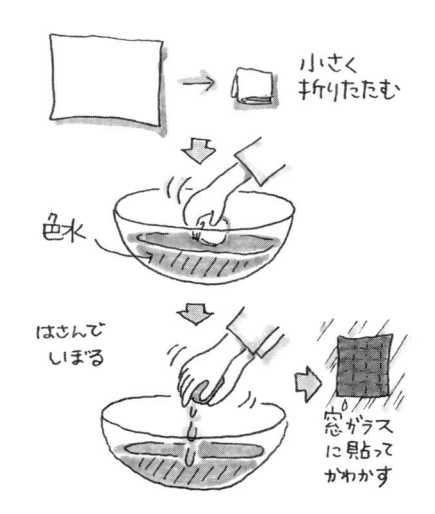

小さく折りたたむ

色水

はさんでしぼる

窓ガラスに貼ってかわかす

適当に小さく折り畳んで色水につけ，手のひらで軽くはさむようにしてしぼり，開いて乾燥させます

こうしてみましょう その2

新聞紙を有効活用してみましょう

　新聞紙を丸めて何かを形づくり，ちぎったコピー用紙で新聞紙全体を覆うように，水で薄めたのりで貼ってみましょう。

　この「張り子」の手法は，高齢者にも覚えがあるはず。のりが乾いても元に戻らずに，つくった形を保つことができます。

　見なれた新聞紙だからこそ，食べ物などの造形物に生まれ変わっていく様子に，ワクワクします。

　また新聞のカラーページや広告も発色がきれいなので，ちぎり絵などの素材として活用してみましょう。

いびつな形の張り子でも，色を塗れば野菜や果物に変身！

こうなりました！

スタッフCさん

　染めた半紙を折り目にそってちぎり，中心をつまんでねじって小さいお花をたくさんつくりました。
　たくさんまとまるときれいですよ。

スタッフAさん

　色を塗った段ボールに，半紙でつくったお花を，文字の形に貼りつけて，夏まつりの看板をつくりました。「いつもとひと味違う！」と好評でしたよ。

スタッフBさん

　半紙を染めるのも，お花をつくるのも，おしゃべりをしながら，みなさん楽しそうでした。

⑭ 手工芸に適した接着剤の便利な活用法

デイサービス終了後掃除の時間

あらあら せっかくつくったのに 花が落ちちゃってる

ポ……

でんぷんのりじゃ接着力が弱いんですかね？

じゃあ木工用ボンド使ってみますか？

それくっつけ！

ギュ

まだくっつきませんよー

あらー

木工用ボンドだと乾きが遅いですねえ

まだくっつきません

一度壁からはがして広げておきましょうか？

Ⅳ 身近な素材を活用して手工芸を楽しもう

あ！ じゃあ瞬間接着剤にします？

すぐらくし！

どうかな

セロハンテープはどうかしら？

くっつけばなんでもいいんだけど

セロハンテープとか両面テープとかなんでもいいんじゃない？

Aさん スタッフ歴8年

接着が早いボンドってどうなのかしら？

瞬間接着剤や強力ボンドって利用者さんには使いにくいんじゃない？

Bさん スタッフ歴5年

接着剤って何が違うんだろう？

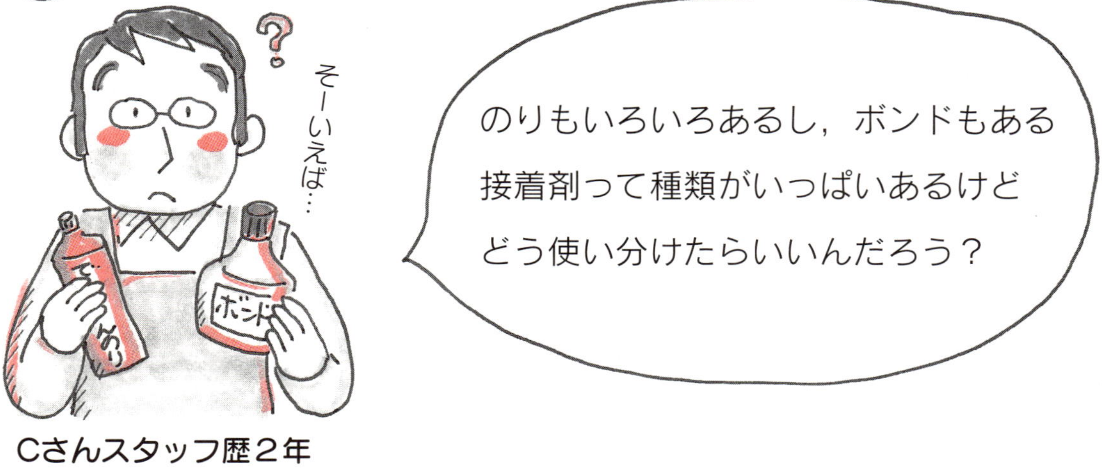

そーいえば…

のりもいろいろあるし，ボンドもある
接着剤って種類がいっぱいあるけど
どう使い分けたらいいんだろう？

Cさん スタッフ歴2年

⑭ 手工芸に適した接着剤の便利な活用法

はじめに考えてみましょう

接着剤の特性と用途を知り，使い分けましょう

　でんぷんのり……紙同士を接着するのに向いています。塗ってから比較的早く乾きます。

　木工用ボンド……紙，木，布などを接着したいときに使います。接着力が強いのが特長ですが，乾くのにやや時間がかかります。

　スティックのり……薄い紙を接着するのに向いています。乾いても紙がしわになりにくいので，貼り絵などの仕上がりがきれいです。

　また，セロハンテープは手軽で便利に使えますが，時間が経つと変色，変質してしまいます。

　両面テープも手軽に接着できますが，手に不自由がある人には扱いにくいかもしれません。

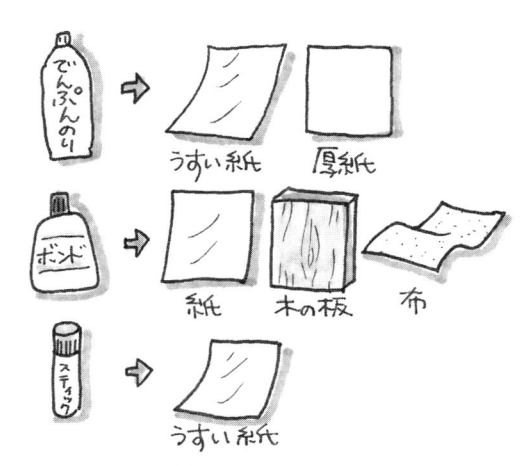

接着剤を使い分けると作品の仕上がりもきれいです

こうしてみましょう　その1

特性を活かして混ぜて使ってみましょう

　木工用ボンドとでんぷんのり（液状のりでも可）を半々ずつ混ぜてつくる「ボンドのり」は，手軽にできる手工芸向きののりです。

　接着力が強い木工用ボンドと，乾きが早いでんぷんのりの特長を合わせ持ちます。

　固くなってきたら，水を加えて薄めましょう。

　接着剤には他にも，瞬間接着剤や速乾タイプ，強力タイプなど様々な種類がありますが，それらは時間をかけて作業するには不向きです。

密封容器に数回分まとめてつくり，冷蔵庫で保存しておくこともでき，便利です

IV　身近な素材を活用して手工芸を楽しもう

こうしてみましょう　その2

薄めてコーティング剤にしてみましょう

　液状のり（でんぷんのりでも可）を水で薄めると，張り子などをつくるときに便利です。
　また水で薄めたのりは，紙に塗って，乾くとパリっと仕上がるので，紙を使った制作ではニスなどの代わりに，作品のコーティング剤としても使えます。
　作品の上から全体的に塗ることで，貼り絵などでのりがはみだしたところも気にならなくなります。
　ただし紙に染み込みやすいので，つけすぎると乾燥させるのに時間がかかります。

面積が広いところに塗るときには，ハケを使うと便利です

こうなりました！

スタッフAさん＆Bさん

　ボンドのりは使ってみたら本当に便利！
　接着もいいし，乾きも早いわ！
　たくさんつくっておいて，使うときはプリンカップに入れて利用者さんに配るようにしています。

スタッフCさん

　接着剤の特性を知って使い分けるようになったら，手工芸の幅も広がりました。
　水で薄めたのりで作品をコーティングする方法は，大きいサイズの貼り絵の仕上げに便利です。

付録

これは便利！
手工芸で使えるリーズナブル素材集

《牛乳パック》

　防水性があり丈夫で，ハサミやカッターで切ることができるので，厚紙としても使いやすい素材です。

　2枚重ねたものをきれいな紙で巻き，井型に組み合わせると，作品のフレームになります。

《発泡スチロールトレー》

　発泡スチロールトレーに紙を貼るときれいな小物入れができます。

　スタンプで模様をつけた紙をちぎって貼るなどしてオリジナルの小物トレーに。また装飾して壁面かざりにと応用できます。

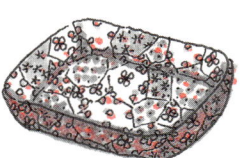

《トイレットペーパー芯》

　外側を厚めの布で覆ったものを，4本用意し，まとめてリボンで結びます。

　トイレの個室に設置し，トイレットペーパーを1回で使用する長さに切って入れておけば，紙を切る力がない方に便利にお使いいただけます。

《ペットボトルキャップ》

　10cm角程度のやわらかい紙の中心にキャップを置き，くるむようにして紙の端をキャップの中に押し込みます。

　それを色違いでたくさん用意しておき，自由に組み合わせて台紙に貼ると，厚みのある作品になります。

《布》

　古着や端切れなどを，紙の代わりに作品に貼ったり，張り絵の素材などに使ってみましょう。

　2枚の布をボンドで貼り合わせて星などの形に切り，紐を通すと，クリスマスツリーのかざりなどにもなります。

《綿》

　水に溶かした絵の具をスプレーボトルに入れて綿にふきつけると，白い綿もカラフルになります。

　ちぎり絵に貼って立体感を出したり，イベントの看板に文字の形に貼るなどしてみましょう。

私たちの身の回りにあるものの中から，比較的コストがかからずに用意でき，常備しておくと便利な素材の特徴や使い方の例をご紹介します。

本文で紹介しているリサイクル素材（50～53頁）や，紙（54～57頁）もあわせてご参照ください。

《水引》

慶事の祝儀袋の水引は，色鮮やかに美しく形づくられているので，作品のワンポイントとして使えます。

お正月などの和風かざりの他，クリスマスリースなど洋風のかざりにもつけてみてください。

《針金》

針金に新聞紙を巻き，その上にビニールテープを巻き付けると，形づくりをしやすい棒ができ，立体物の制作に便利です。

針金の太さや素材により強度が違うので，目的に応じて選び，切り口でケガをしないように注意しましょう。

《豆・マカロニ・ボタン》

いろいろな色や形のものを用意しておくと，作品のワンポイントとして，また並べて立体の造形（41頁参照）やフレームづくりなどに活用できます。

ただし食品の場合は，保存方法に注意し，食べることがないようにしてください。

《カラー紙ナプキン》

数枚の紙ナプキンを互い違いにずらして重ね，中心をねじって留めると花のように見えます。

簡単にたくさんつくることができるので，イベントのかざりつけなどに便利です。

《軽量紙ねんど》

やわらかくて軽いので，握力が弱い方にも使いやすいねんどです。

着色したときの発色も美しく，2～3日の自然乾燥で固まります。

丸めて着色することも，それを使った造形もアクティビティになります。

《その他のねんど》

油ねんどや土ねんどなど，重いねんどに触ると，手のリハビリになります（40頁参照）。油ねんどは固まらないので繰り返し使えます。

オーブンで焼くと固まるねんどもあるので，根付やペンダントヘッドなどをつくってもいいでしょう。

監　修	高齢者アクティビティ開発センター

1990年から高齢者のアクティビティ活動や福祉文化の研究及び実践を行う芸術教育研究所は2005年に「高齢者アクティビティ開発センター」を設立。「芸術」と「遊び」を高齢者ケアに導入することに力点を置き，この新しいケアモデルの推進役として，日本で初の「アクティビティ ディレクター」資格認定講座を開講。専門家の養成とともに，様々なアクティビティプログラムの開発に努める。

著　者	片桐由喜子

愛知県出身。小学校の頃より好きな科目は図工。短大の芸術科を卒業後，ふとしたきっかけで看護の道へ。病院勤務，福祉施設勤務を約10年経験しケアにアートを取り入れたいと考え独立。アクティビティケアクリエーターとして全国の福祉施設，専門学校でケアスタッフの教育に関わる。「シンフォニーズ」代表。看護師。介護支援専門員。

本文イラスト　山口裕美子

企　画　多田千尋（高齢者アクティビティ開発センター代表）

編　集　磯　忍，寺橋真由美，菊池貴美江（高齢者アクティビティ開発センター）

お問い合わせは……
高齢者アクティビティ開発センター
〒165-0026　東京都中野区新井2-12-10　芸術教育研究所内
TEL 03-3387-5461　FAX 03-3228-0699
URL http://www.aptycare.com　E-mail aptc@aptycare.com

高齢者と楽楽コミュニケーション〈手工芸の場面編〉

2008年4月25日　初版発行

監修	高齢者アクティビティ開発センター
著者	片桐由喜子
発行者	武馬久仁裕
印刷	株式会社　太洋社
製本	株式会社　太洋社

発行所　株式会社　黎明書房

〒460-0002　名古屋市中区丸の内3-6-27 EBSビル　☎052-962-3045
　　　　　　FAX 052-951-9065　振替・00880-1-59001
〒101-0051　東京連絡所・千代田区神田神保町1-32-2
　　　　　　南部ビル302号　☎03-3268-3470

落丁本・乱丁本はお取替します　　ISBN978-4-654-05662-0
ⒸART EDUCATION INSTITUTE 2008, Printed in Japan